REVUE
ARCHÉOLOGIQUE

PUBLIÉE SOUS LA DIRECTION

DE MM.

ALEX. BERTRAND ET G. PERROT

MEMBRES DE L'INSTITUT

Abbé F. POULAINE

—

LES TOMBEAUX EN PIERRE
DES VALLÉES DE LA CURE
ET DU COUSIN (YONNE)

PARIS
ERNEST LEROUX, ÉDITEUR
28, RUE BONAPARTE, 28

1899
Tous droits réservés.

N. B. — Tout ce qui est relatif à la rédaction doit être adressé à M. Alexandre BERTRAND, de l'Institut, au Musée de Saint-Germain-en-Laye (Seine-et-Oise), ou à M. G. PERROT, de l'Institut, rue d'Ulm, 45, à Paris.

Les livres dont on désire qu'il soit rendu compte devront être déposés au bureau de la *Revue*, 28, rue Bonaparte, à Paris.

L'Administration et le Bureau de la REVUE ARCHÉOLOGIQUE sont à la Librairie ERNEST LEROUX, 28, rue Bonaparte, Paris.

CONDITIONS DE L'ABONNEMENT

La *Revue Archéologique* paraît par fascicules mensuels de 64 à 80 pages grand in-8, qui forment à la fin de l'année deux volumes ornés de 24 planches et de nombreuses gravures intercalées dans le texte.

PRIX:

Pour Paris. Un an............ 30 fr.	Pour les départements. Un an..	32 fr.
Un numéro mensuel............ 3 fr.	Pour l'Etranger. Un an......	33 fr.

On s'abonne également chez tous les libraires des Départements et de l'Etranger.

LES TOMBEAUX EN PIERRE
DES VALLÉES DE LA CURE ET DU COUSIN (YONNE)

Le nombre des tombeaux en pierre trouvés dans les vallées de la Cure et du Cousin est considérable ; tous les jours on en découvre de nouveaux dans cette région favorisée. Il faut naturellement en conclure qu'à l'époque gallo-romaine et aux époques

Fig. 1.

subséquentes, ces vallées étaient très peuplées. Il n'y a là rien qui doive surprendre. L'étonnante beauté de ces deux vallées, les rivières qui les arrosent, des fontaines abondantes et pérennes, un sol fertile, un climat abrité des vents du nord par les collines étagées sur la rive droite, tout devait contribuer à y attirer les populations gauloises et franques.

A défaut des tombeaux, ce qui nous montrerait encore la densité des populations de nos vallées, c'est l'existence de temples élevés au milieu d'elles, comme celui de Montmartre, édifice considérable à en juger par ses ruines et qui devait être très fréquenté du voisinage.

La grande voie d'Agrippa, passant au fond de ces vallées, rendait facile l'accès du temple et des nombreux villages et retranchements militaires établis de chaque côté de la voie.

Tous ces villages ont donné de nombreux tombeaux en pierre, notamment Avallon, le Vault-de-Lugny, Givry, sur le Cousin, et Saint-Père, Asquins, Sermizelles, Voutenay, Blannay, Saint-Moré et Arcy sur la Cure.

On les rencontre assez rarement isolés, presque toujours réunis en nombre plus ou moins considérable; quelquefois même ce sont de véritables *champs dolents* ou cimetières; très souvent, ces tombeaux sont rangés les uns à côté des autres, comme des soldats en bataille. J'ai remarqué bien des fois que nos cimetières francs sont placés à la base des collines. Il arrive aussi, comme à Voutenay, qu'ils sont situés au sommet des plateaux.

Jamais je n'ai trouvé aucune ornementation sur les sarcophages, les *sarqueux* comme on les appelait ici au moyen âge, excepté une seule fois sur un couvercle funéraire découvert à Saint-Moré en 1893. Le travail décoratif consiste simplement en panneaux, sillonnés de lignes disposées en chevrons. J'ai fait amener dans la cour de mon presbytère ce couvercle et le grand sarcophage qu'il recouvrait, pour donner aux personnes que ces sortes de sépultures peuvent intéresser l'impression exacte de ces monuments.

Un autre tombeau trouvé anciennement au même village, et dont il ne reste plus que la moitié du fond et des côtés, devait être entièrement décoré d'ornements en relief, à en juger par ce qui reste (fig. 2 et 3). Le fond extérieur a même été orné de motifs décoratifs assez frustes, mais représentant, à n'en pas douter, des draperies retenues à trois patères. Il est bien probable que ce cercueil était celui d'un chef militaire du camp voisin de Chora, dominant le village de Saint-Moré qui anciennement s'appelait Chora. Cependant j'ai trouvé dans ce même village des sépultures de chefs militaires, dont les tombeaux n'étaient aucunement décorés.

Presque tous ces tombeaux ont une parfaite unité de forme. Chacun de ces monolithes paraît être une reproduction de son voisin d'à côté ou d'en face, et réciproquement.

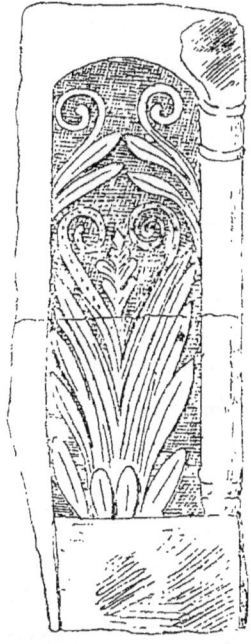

Fig. 2. — Côté d'un tombeau.

Fig. 3. — Fond d'un tombeau.

Leur longueur atteint 1^m,80 à 2 mètres, mais jamais au-delà, en y comprenant les parois du monolithe, dont l'épaisseur est d'environ 0^m,07 ou 0^m,08.

Tous ces tombeaux se rétrécissent assez fortement vers les pieds. La plus grande largeur, vers la tête, est de 0^m,62 à 0^m,70 y compris les parois, et de 0^m,37 à 0^m,40 à l'autre extrémité. La profondeur est généralement de 0^m,35 à 0^m,45. Il arrivait parfois que ces tombeaux n'étant pas assez grands, le mort y était mis ployé ou accroupi. Je n'y ai jamais rencontré de coussin de pierre à l'intérieur pour soutenir la tête du défunt. Les coussinets et chantiers sont d'une époque postérieure.

On ne constate jamais de perforations ou trous d'écoulement sur le fond du sarcophage, coutume assez en usage chez les Francs chrétiens et qui avait sans doute pour but de laisser échapper les matières liquides produites par la décomposition des corps. A Avigny, commune de Mailly-la-Ville, à deux lieues environ de Voutenay, j'ai rencontré des tombeaux ayant vers la tête une perforation généralement orbiculaire.

Les côtés de ces tombeaux sont à angles droits; j'en ai trouvé cependant quelques-uns, notamment au cimetière de Voutenay, évasés de bas en haut ou en forme semi-carénée, à la façon de la carène d'un chaland, plate en dessous et s'élargissant à l'extérieur à mesure qu'elle atteint ou dépasse la ligne de flottaison. Cet évasement, qui nécessitait l'emploi de plus larges blocs de pierre et qui rendait le monument d'un maniement plus difficile, avait sans doute un but. Faut-il y voir, comme quelques archéologues le croient, un symbole, une idée religieuse? Le nom de *naus*, sous lequel on désigne souvent ces sortes de cercueils, est sans doute le mot latin *navis*. On a rapproché ce mot de la fameuse barque païenne et on en a conclu à une identité de croyance à l'immortalité de l'âme. Chez les Gaulois, la croyance de la migration des âmes aux îles Bienheureuses, situées au loin dans l'immensité de l'Océan, était fort accréditée. Une traversée était nécessaire. Si on taillait ces cercueils en forme de nef, c'était évidemment dans la pensée religieuse, spiritualiste, qu'ils devaient embarquer une chose destinée à aborder quelque part.

Les tombeaux en pierre semblables aux nôtres ont porté encore divers noms. Grégoire de Tours les désigne sous les expressions de *sarcophages, loculus, sepulchrum*; on les désignait encore sous le nom d'*auges monolithes*, de *sarqueux*.

Ils sont enfouis dans la terre plus ou moins profondément. A Saint-Moré, dans la plaine, on rencontre les couvercles à environ

0^m,50, ce qui donne environ 1^m,25 pour la profondeur totale de la sépulture, à moins, bien entendu, de remblais postérieurs.

Chargé par la Société d'Études d'Avallon de faire en 1892, à Saint-Moré, des fouilles dans un *champ dolent*, que je savais en quelque sorte pavé de cercueils, je les trouvai à une plus grande profondeur. Primitivement, ils ne devaient pas avoir été descendus aussi profondément. Ce cimetière antique est à la base d'une colline extrêmement rapide ; le ruissellement des eaux aura apporté là les terres de la colline et exhaussé sensiblement le niveau du sol.

Parfois j'ai rencontré des tombeaux n'ayant pas tous leurs côtés taillés d'équerre ; quelques-uns avaient leur base taillée obliquement ; c'était tout simplement un défaut de la pierre, le bloc n'étant pas assez grand pour en faire un monument bien rectangulaire. Il n'y faut donc voir aucune intention.

Le très grand nombre de nos tombeaux sont placés dans la ligne est-ouest. Quand ils n'ont pas cette orientation, c'est qu'ils ont servi dans la suite à de nouvelles sépultures, ou que la disposition du terrain exigeait une orientation différente. Les corps étaient placés la face tournée vers le ciel, les pieds à l'orient, la tête à l'occident, prêts à regarder l'orient dès que sonnerait l'heure du réveil.

Les couvercles affectent une grande variété de formes, mais ne sont jamais évidés à l'intérieur. Les uns sont à dos d'âne, en section de cône tronqué, en anse de panier avec toit de gouttière plus ou moins prononcé ; la hauteur varie beaucoup, depuis 0^m,25 jusqu'à 0^m,35 et 0^m,40.

Très souvent ils ont la forme plate, avec dalle entière ou de plusieurs morceaux ; j'ai souvent encore constaté la présence d'un ciment extrêmement dur et fin et de teinte un peu rosée, entre l'auge et le couvercle, pour en boucher les interstices. On peut voir encore cette sorte de ciment sur le sarcophage que j'ai fait transporter au presbytère.

On en rencontre qui n'ont pas de couvercle ; j'en dirai la raison plus loin et j'expliquerai aussi cette grande variété de couvercles funéraires.

Les sarcophages de nos vallées ne proviennent pas, comme quelques-uns l'ont prétendu, de Quarré-les-Tombes, pays situé à l'autre extrémité de l'Avallonnais. Ils ne sont ni de la même époque ni des mêmes carrières. Les nôtres sont gallo-romains et mérovingiens et ne sont décorés d'aucune ornementation en relief ou en creux ; ceux du Quarré sont mérovingiens, carolingiens et incontestablement chrétiens d'après les glyphes et figurations en relief qu'on y voit, croix pattées, croix de Saint-André ou sautoirs, croix latines, etc. Certains couvercles portent en relief des croix dont la branche principale se prolonge jusqu'à l'extrémité de la pierre. Parfois elles ont été prises pour des épées gauloises.

Notons encore que l'absence de mobilier funéraire dans les sarcophages utilisés de Quarré est absolu. Leur couvercle est évidé à l'intérieur et leur toit en gouttière est beaucoup moins prononcé que dans ceux de nos vallées.

Tous ces carbonates de chaux ne viennent pas non plus des mêmes carrières. Il serait assez étonnant (mais non pas impossible, évidemment) que les Gallo-Romains aient emprunté la pierre de leurs sépulcres précisément à la même carrière qui donna aux VIIe et VIIIe siècles les sarcophages de Quarré, lesquels — tout porte à le croire — ont été convoyés dans ce pays, à fin d'entrepôt, par les moines de Saint-Jean-de-Reaux, aujourd'hui Moûtiers-Saint-Jean (Côte-d'Or).

En frappant avec un marteau ces différentes pierres, on constate tout d'abord une grande différence de résistance. Celles de Quarré sont très dures, celles de nos vallées le sont fort peu et non pas uniquement amollies par un séjour en terre de plusieurs siècles, comme on pourrait le croire.

A Quarré, les différentes séries de pierre des tombeaux sont l'oolithe blanche ou miliaire ou grande oolithe, absolument identique à celle qui provient actuellement de Coutarnoux, le corallien et le séquanien. D'autres pierres plus siliceuses ont fourni des sarcophages plus bruts que leurs analogues. L'excès de silice a rendu ces pierres caverneuses, au point qu'elles offrent des cavités en tous sens; aussi certains archéologues, ignorant la géologie, se sont-ils égarés, croyant intentionnelles ces perforations assez régulières.

Le corallien blanc d'ensemble est indéniable dans les nôtres ; ils appartiennent donc pour la plupart aux étages coralliens des environs, et il faut en chercher le lieu d'origine dans les carrières de Mailly-la-Ville, Bazarnes, Courson. Les calcaires du corallrag de ces différents pays sont généralement très doux et très tendres. Quelques-uns proviennent du corallien que l'on trouve près des grottes d'Arcy, au lieu dit la *Roche-Taillée*, ancienne carrière; on y voit encore les entailles laissées dans la masse et reproduisant les dimensions de nos cercueils. Ce calcaire est blanc, tendre, gélif, à oolithes assez grossières, d'une dureté très variable, renfermant un grand nombre de fossiles, principalement des polypiers.

Ceux de Quarré proviennent en grand nombre de Champrotard près Coutarnoux, et d'autres d'un horizon géologique encore indéterminé.

L'essai chimique a constaté aussi de notables différences; nos coralliens blancs donnent, à l'acide azotique bouillant, un résidu siliceux d'environ 20 pour 100. Les efflorescences d'un blanc pur sont sans rapport avec les efflorescences correspondantes qu'offrent les *naus* de Quarré. Celles-ci sont visiblement plus siliceuses et présentent une couleur gris sale, due à la présence d'hydroxyde de fer et de matières bitumineuses, plus visibles à mesure que l'on descend dans la série des assises désignées plus haut.

Nos sarcophages soulèvent encore plus d'un problème archéologique. Il est bien difficile d'assigner des formes déterminées et exclusives, du moins pour nos vallées, correspondant aux diverses époques gallo-romaine et franque. On peut dire, cependant, qu'à l'époque gallo-romaine on rétrécissait moins les sarcophages qu'aux époques subséquentes. Certains cimetières francs sont composés uniquement, comme à Quarré, de tombeaux très fortement rétrécis vers les pieds.

Les cimetières de nos vallées ont servi successivement aux Gallo-Romains et à leurs successeurs les Francs Mérovingiens. Ces tombeaux servirent ensuite, du moins en grand nombre, aux générations qui se succédèrent pendant tout le moyen âge et reçurent à tour de rôle les habitants des localités voisines jusqu'à une époque difficile à préciser, mais qui ne dépasse pas le xvie siècle. Après les époques gallo-romaine et franque, on déposait les corps dans ces sarcophages sans les recouvrir d'un couvercle, ou bien on faisait un couvercle composé de différents morceaux de pierres ou de dalles ; c'est pourquoi on trouve si souvent des tombeaux sans couvercles ou avec des couvercles composés de pierres disparates, plates et bombées.

Tombeaux gallo-romains. — On retrouve dans ces tombeaux le mobilier funéraire de l'époque gallo-romaine, torques en bronze, pièces de monnaie, vases, perles en verroterie de nuances variées, de 0^m,03 à 0^m,06 de diamètre, perles en ambre, etc.

Les perles en métal sont rares ; leur long séjour dans la terre les a oxydées. Aussi se décomposent-elles entre les mains, dès qu'elles sont rendues à la lumière, comme les perles en argent trouvées à Voutenay en 1893.

Près de ces tombeaux on trouve aussi de nombreux fragments de vases, presque toujours sans aucune ornementation ; j'ai pu en reconstituer quelques-uns à peu près entièrement. Certains archéologues prétendent que ces débris de poterie près des tombeaux ont un sens symbolique ; on a voulu montrer que la mort avait tout rompu et tout renversé ; je crois que les nôtres proviennent de sépultures plus anciennes.

Dans tous ces tombeaux gallo-romains je n'ai jamais rencontré qu'un seul signe de christianisme ; nous en parlerons au sujet des sépultures de Saint-Moré. D'autres ont peut-être échappé aux investigations des fouilleurs. Les *naus*, presque toujours remplis de terre, demanderaient à être fouillés minutieusement par un connaisseur ; mais, généralement, on se contente d'enlever les objets les plus en vue, vases, armes, etc., sans s'occuper de rechercher les petits objets, fibules, agrafes, symboles chrétiens, croix en bronze, pattées et parfois potencées comme celles qui a été trouvée, en 1893, à Saint-Moré. Cette rareté de symboles chrétiens est assez surprenante; la paix avait cependant régné à peu près constamment dans les Gaules, pendant que le sang des martyrs coulait à flots dans les autres provinces de l'empire, surtout pendant la dernière persécution de Galère et de Dioclétien, qui fut la plus épouvantable de toutes. Constance-Chlore, père de Constantin, qui gouvernait alors la Gaule, avait protégé les chrétiens. Avant lui, Probus mit un terme aux cruelles proscriptions dirigées contre eux par Dèce, Valérien, Aurélien, et dès l'an 262, n'étant encore que général, il avait arrêté les ravages du Vandale Crocus dans les Gaules. Faut-il encore admettre que le flambeau du christianisme se serait éteint en Gaule, sous les coups des barbares, ou plutôt que les populations de ces vallées n'avaient point encore été évangélisées ?

Quoi qu'il en soit, tout, dans ces sépultures, atteste la croyance à une autre vie : l'orientation du personnage, les vases aux provisions destinées à la nourriture des défunts, ces *tegulae hamatae* que l'on rencontre aussi, tout nous montre que, pour les Gallo-Romains, comme pour les Gaulois, la mort n'était qu'une suite de la vie.

Une particularité à signaler surtout dans les tombeaux francs, là où l'on trouve des armes en fer, c'est que les os situés près de ces armes ont une couleur de rouille très prononcée, qu'ils doivent à l'oxydation du métal; le fond même de l'auge présente cette même teinte. L'eau, en pénétrant dans l'intérieur des tombeaux, a disséminé ces sels de fer sur tout le fond, et parfois même sur les parois jusqu'au couvercle, par l'effet de la capillarité, les pierres de ces tombes étant très tendres et très poreuses.

Tombeaux francs. — Les tombeaux francs sont assurément les plus nombreux dans nos deux vallées. En certains cimetières on en découvre presque chaque fois qu'on creuse une fosse. Ils renferment souvent des armes en fer, notamment la hache, le scramasax, fort et lourd coupe-choux en fer placé à droite, tranchant d'un seul côté et terminé en pointe. Sa longueur, y compris la soie qui est de $0^m,10$ à $0^m,15$, est d'environ $0^m,65$. Cette arme était caraxée, c'est-à-dire qu'elle avait une rainure dessinant, au milieu de la lame, la forme de la lame même ; le poignard en fer est à peu près de la même forme que le sabre.

Notons encore des boucles en fer, quelques-unes fort grandes, d'autres boucles en bronze, des ornements également en bronze, des colliers en ambre et en verre, de couleurs et de formes variées, etc. Mais si ces antiques tombeaux ont servi primitivement aux Gallo-Romains et aux Francs, dans la suite des temps ils ont été visités et pillés, ou bien, comme je le dis plus haut, ils servirent de sarcophages de familles, où chacun allait prendre place à son tour. Une foule d'observations démontrent ces faits ; plusieurs objets ont été abandonnés par les spoliateurs. Il m'est arrivé bien des fois de ramasser près de ces tombeaux des plaques de ceintures en fer, des objets en bronze, bagues, boutons, épingles, fibules, etc., de petits vases que je crois des jouets d'enfants. Ces objets n'éveillaient sans doute aucune convoitise ; on les brisait ou on les rejetait dédaigneusement.

Les premiers spoliateurs, ou les premiers fossoyeurs qui ont procédé dans la suite des temps à d'autres inhumations, ont enlevé tout ce qui pouvait flatter leurs yeux ou leur cupidité, tels que l'or, l'argent, les bijoux précieux, les armes, les plus beaux vases ; ils n'ont laissé que le bronze et le fer. On sait que le Franc était toujours inhumé avec son costume de guerre, ses armes, ses ornements, ses bijoux et les vases funéraires contenant des libations et des offrandes. Il n'y a donc pas à s'étonner si un grand nombre de nos tombeaux ont été profanés. C'était une chose d'autant plus facile que, dans nos pays de Saint-Moré et de Voutenay, les couvercles des sépultures étaient à $0^m,40$-$0^m,50$ de profondeur. Ces gisements ont dû facilement attirer l'attention des pillards, violateurs des tombeaux, vainement menacés par les nombreux édits des rois des premières races et par les lois des envahisseurs eux-mêmes, Burgondes, Francs-

Ripuaires, Francs-Saliens, etc. Les grands seigneurs eux-mêmes pillaient les tombeaux.

Non seulement la loi et la religion protégeaient les tombeaux, mais la terre qu'occupaient les morts était une terre sacrée ; il était expressément défendu de toucher à leurs ossements et de placer un mort sur un autre mort ; c'est ce qui explique l'étendue des cimetières gallo-romains et mérovingiens dans nos contrées.

Malgré ces lois, les tombeaux furent très souvent violés. Ozanam, dans sa *Civilisation chrétienne des Francs*, raconte que les prêtres avaient placé dans l'examen de conscience du Germain cette curieuse interrogation : « N'as-tu pas volé ou pillé un tombeau ? »

Quand même ils n'eussent point été violés par les pillards, il faut admettre encore que, la population renouvelée, les lois qui protégeaient les tombeaux tombèrent en désuétude, et les cercueils de pierre restés là servirent dans la suite aux générations qui habitèrent auprès. Avec les débris de toutes sortes dont nous parlons plus haut, on trouve encore là d'innombrables ossements humains. L'état de ces polyandres indique donc des profanations ou des remaniements. J'ai constaté bien des fois que dans les tombes franques on trouve des armes, tandis qu'au contraire elles sont rares dans celles des Gallo-Romains. La raison est facile à trouver. Les Gaulois, soumis aux Romains pendant des siècles, non seulement ne cherchèrent pas à recouvrer leur indépendance, mais voulaient devenir Romains. Ils furent fidèles parce qu'ils voulurent l'être. « La Gaule entière, disait un historien de ce temps-là[1], qui n'est pourtant ni amollie ni dégénérée, obéit volontairement à 1.200 soldats romains. » Dans un discours au sénat, Claude prononçait cette parole : « La fidélité de la Gaule, depuis cent ans, n'a jamais été ébranlée ; même dans les crises que notre empire a traversées, son attachement ne s'est pas démenti. » Les Gaulois ne formaient donc plus une nation guerrière ; les descendants de ces terribles compagnons des brenns entraient tran-

---

[1]. Josèphe, *De bello judaico*, II, 16.

quillement dans la tombe, sans armes, accompagnés seulement, selon la coutume, de leurs bijoux et de vases funéraires.

Les armes des envahisseurs d'outre-Rhin, ensevelies avec eux dans nos vallées, nous montrent ces conquérants s'établissant dans la demeure des Gallo-Romains et se fondant ensuite avec les Burgondes et les autres envahisseurs pour former la nation française.

Voici, dans l'ordre des découvertes, quelques-uns des polyandres de nos antiques vallées :

Vault-de-Lugny, cimetière mérovingien. — En 1874, M. François Moreau, ancien professeur, et moi nous fîmes des fouilles au Vault-de-Lugny, dans la vallée du Cousin, près d'un endroit où s'élevait autrefois une ancienne chapelle, de petite dimension, très probablement mérovingienne et dont il ne reste plus que les substructions des murailles et des contreforts. Anciennement on avait déjà découvert des sépultures et des armes dans cet endroit. Nous y trouvâmes de nombreuses sépultures, plus de cent en comptant celles qui avaient été constatées jadis. Les corps étaient à environ 0^m,70 de profondeur, sans tombe, ni pierre juxtaposée en représentant la forme. Il est fort probable que primitivement les corps devaient être à une plus grande profondeur; mais le terrain est en pente et les eaux pluviales ont dû entraîner une partie de la terre qui les recouvrait.

Tous les squelettes étaient régulièrement rangés très près les uns des autres, dans la direction nord-sud, la tête regardant le midi. Auprès de plusieurs de ces squelettes nous avons trouvé des armes en fer, sabres pointus à leur extrémité, tranchant d'un côté, épais de l'autre, sillonnés près du dos d'un trait fortement accentué; des couteaux ou poignards également en fer, ayant absolument la même forme que le sabre.

Parmi les ornements, quelques perles en verroterie, des boucles de ceintures en fer et en bronze et une fort jolie perle en agate, ovale et aplatie, taillée à facettes, trouée dans sa plus grande longueur.

Notons encore de petites monnaies frustes en cuivre, probablement de ces quinaires qui ont eu cours depuis le règne des fils de Théodose, Arcadius et Honorius, des débris de poterie, etc.

Parmi les plus intéressants objets trouvés dans d'autres sépultures du même pays il faut citer : 1° un camée en cornaline qui servait de pendant d'oreille; on y voit une tête virile qui paraît être celle de Jules César. L'endroit où cette jolie pierre fine a été trouvée est appelé encore aujourd'hui le *climat de l'Aitre (atrium)*. Cette dénomination de l'*aitre* rappelle à l'esprit l'idée d'un sanctuaire consacré à quelque divinité du paganisme; 2° un denier d'argent avec la tête de Jules César et cette légende : *Dictatori perpetuo*. ℞. Vénus debout, tenant une Victoire et un sceptre.

Givry et Blannay. — En descendant le cours de la rivière jusqu'à Givry, à 2 lieues environ du Vault-de-Lugny, à la pointe de terre où le Cousin et la Cure se réunissent, on a trouvé des tombeaux renfermant des armes et le mobilier funéraire accoutumé. Le *Bulletin de la Société d'Études d'Avallon*, publié en 1876, parlant des nombreux tombeaux qu'on a trouvés là et aux abords des villages de ces deux plaines, écrit ce qui suit : « Presque tous renferment des débris de l'armure mérovingienne : agrafes, fibules, angons, plaques de ceinturon émaillées, haches en silex, hachettes en jadéite, vraies miniatures de 3 centimètres de haut. Ces différents objets sont au musée. »

A *Thory*, un tombeau contenait des tuiles à rebord de petite dimension, deux épingles à cheveux, un style portant un cachet à son extrémité, un vase en verre, le pied d'un coffret en bronze d'un beau travail, cinq vases d'une pâte fine avec reflets métalliques. Ce tombeau est du vi^e siècle et remonte très probablement à l'époque des enfants de Théodose.

A *Domecy-sur-le-Vault*, deux beaux anneaux en bronze trouvés dans des tombeaux; l'un de ces anneaux est ouvert et présente quatre ouvertures et quatre sortes de nœuds. Une pièce de monnaie les accompagnait : *Constantinus Aug.*; au revers, *Sarmatia devicta*, ce qui place ce tombeau gallo-romain au ive ou au ve siècle de notre ère.

A *Avallon* on a trouvé à l'est de la ville, dans les jardins bâtis en amphithéâtre, des tombeaux où étaient ensevelis les chefs gallo-romains du *castrum* avallonnais, avec les armes habituelles, les médailles, notamment Postume père (℞. *Victoria Aug.* la Victoire poussant devant elle un captif), Trajan, un Marc-Aurèle en argent, une autre pièce de Constance-Chlore, une d'Hélène, femme de Constance-Chlore, des bronzes quinaires, etc.

On rencontre encore de ces tombeaux de chaque côté de la voie d'Agrippa. Dans l'un, on a trouvé un camée en cornaline rouge orange, représentant Jupiter assis, armé du foudre et s'appuyant sur la haste; au-dessous, Neptune avec son trident; à droite, Mars debout, un coq à ses pieds; à gauche, Minerve, la main sur le bouclier où figure un serpent.

Voutenay. — A l'est de l'église on rencontre des tombeaux en pierre. En 1873, on trouva, dans l'un d'eux, une lance en fer et dans d'autres des plaques de ceinturon, en fer plaqué d'argent et ciselé. Quelques-uns de ces tombeaux renfermaient des pièces de monnaie assez frustes pour la plupart; j'ai pu lire cependant les noms suivants : Antonin le Pieux, gr. b.; Alexandre Sévère, gr. b.; Arcadius, p. b., avec le revers : *Gloria Romanorum*; des lenticulaires; Constantin, p. b.

Jusqu'au xviie siècle, ce fut l'usage dans nos pays d'enterrer les morts avec un signe monétaire; cette coutume existe encore dans certains pays, notamment aux environs de Vézelay, dans un village situé au sud du chef-lieu de canton. Là, personne ne descend dans la tombe, homme, femme, enfant, vieillard et jusqu'au curé de la paroisse, sans avoir dans la main la pièce de monnaie, l'obole que nos ancêtres destinaient au nocher du Styx.

Parmi le mobilier funéraire trouvé dans les tombes de Voutenay, il faut citer des vases, notamment une sorte de broc en terre grise (l'ouverture du goulot est tréflée), des perles en ambre et en verroterie.

J'ai trouvé dans les terres de ce cimetière antique une fiole ou lacrymatoire en verre intacte, provenant évidemment d'un des tombeaux en pierre. Elle est d'une extrême ténuité, la partie basse est entièrement contournée par suite de l'action du feu.

Tout autour de ces tombeaux on rencontre une multitude de débris de vases. Auraient-ils été apportés là en obéissance à un rite funéraire?

Le 18 janvier 1890, on creusait une fosse dans le cimetière de Voutenay. A environ 1 mètre du sol on trouva un cercueil avec son couvercle; ayant fait creuser un peu plus bas, pour le dégager complètement, j'en trouvai un autre sous ce premier cercueil et de même dimension. La hâte qu'on avait de finir cette fosse ne m'a pas permis d'explorer ce deuxième tombeau; dans le premier, j'ai trouvé deux jolies fibules en bronze (fig. 4) et un vase en terre rouge d'une admirable conservation.

C'était la première fois que je rencontrais une inhumation étagée et je n'en ai jamais retrouvé depuis. Il est probable qu'elle a eu lieu par mégarde ou ignorance, car les idées et les mœurs de ces temps, formulées dans la loi Salique et confirmée par les Capitulaires de Charlemagne et de ses successeurs, défendaient de remuer les os des défunts et de placer un mort sur un autre mort. La terre qu'il occupait était sacrée; personne n'aurait songé à la lui disputer sans se croire un profanateur. Peut-être encore ces sépultures sont-elles beaucoup plus anciennes que je ne le supposais tout d'abord et remontent-elles à une époque antérieure à l'occupation romaine, ou qui l'aurait suivie de près.

Fig. 4. — Fibule en bronze.

Notons encore une brique ronde d'une parfaite conservation pareille à celle dont les Romains se servaient pour élever des pilastres.

Parmi les silex trouvés dans ces tombeaux, j'ai recueilli une hachette remarquable par sa petitesse et sa régularité. L'introduction des hachettes dans les sépultures s'explique facilement. On croyait sans doute honorer les morts en les entourant d'objets qu'ils estimaient soit à cause de leur valeur réelle, soit à cause des idées superstitieuses qu'ils y attachaient.

Au delà du mur formant clôture à l'est du cimetière, s'étend une chaume communale dans laquelle on découvrit les sarcophages dont je parle plus haut; tout fait supposer qu'il en existe encore. Quoi qu'il en soit, on trouve de temps à autre dans cette vaste chaume des objets ayant appartenu incontestablement à ceux qui y furent inhumés jadis.

On a coutume de prendre la terre de cette chaume et de la

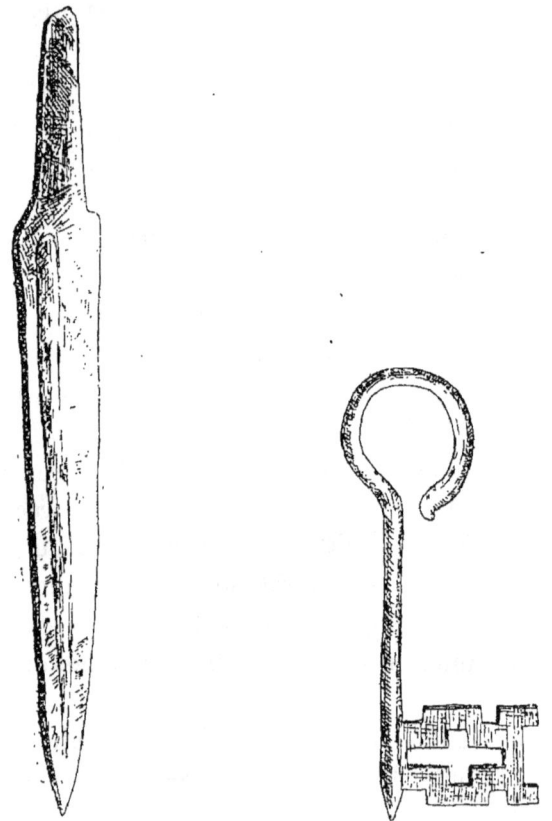

Fig. 5. — Sabre en fer.   Fig. 6. — Clef en fer.

porter dans le cimetière voisin, sur les tombes, pour y planter des arbustes et des fleurs. Le fossoyeur a trouvé plusieurs objets qu'il m'a remis, notamment des perles en verre, des fibules en bronze, bagues, boucles, clous, etc. en bronze, des fusaïoles ou grosses perles et deux petites urnes funéraires.

Saint-Moré, autrefois *Chora* (jusqu'au milieu du ixe siècle). — Il est fort probable que l'église de Saint-Moré, élevée au milieu de nombreux tombeaux en pierre, aura succédé à un temple païen, dont je crois avoir retrouvé les substructions en 1893, et que le cimetière commencé par les Gallo-Romains a continué de recevoir les corps des Francs jusqu'à nos jours.

Des fouilles ont été faites à différentes époques et ont donné des objets remarquables. Les premières fouilles remontent à une dizaine d'années; dans l'un des tombeaux on trouva un sabre en fer dont je donne le dessin (fig. 5).

En 1892, onze cercueils furent encore découverts près de l'église; on y trouva des plaques de ceinturon, des épingles à cheveux, une clef en fer (fig. 6), des silex, des fragments de poterie et de nombreux débris de fer oxydé, ne présentant plus aucune forme appréciable.

Les épingles sont composées d'une boule en métal, vide à l'intérieur, formée de deux parties semi-sphériques, dont la réunion est si bien opérée qu'il est impossible d'en distinguer la trace. La tige ou épingle, de $0^m,15$ environ, est ajustée au centre de l'une des demi-sphères. Une de ces boules porte encore quelques faibles traces de dorure.

La plaque de ceinturon a été trouvée à la ceinture de l'inhumé; le métal est fortement oxydé, la damasquinure ou incrustation d'argent a été à peu près complètement détruite; on en voit cependant encore quelques traces.

La damasquinure, cet art curieux et difficile, paraît avoir été l'art de prédilection des Francs. Il n'est pas rare de rencontrer de superbes pièces, damasquinées avec un art incroyable, et avec autant de régularité et de perfection qu'on peut le faire aujourd'hui.

Les silex extraits de la tombe du guerrier où je trouvai la plaque de ceinturon, consistent en deux *nuclei* de petites dimensions et une pointe de flèche en silex blond, cassée en deux parties à peu près égales. Est-ce une cassure rituelle, rappelant une cérémonie religieuse et ayant un sens mystique, ou s'est-elle produite accidentellement?

Les boucles en bronze sont d'une grande variété de forme (fig. 7 et 8); je n'en ai jamais rencontré deux qui fussent à peu près semblables.

Une importante découverte fut celle de six grands tombeaux faite en 1893 dans le cimetière actuel de Saint-Moré, antique polyandre qui contient les cendres de bien des génération. Voici comment elle eut lieu. La municipalité de la commune avait entrepris de faire défoncer, sur une largeur de 25 mètres environ et 8 de large, une partie du cimetière, à l'orient du chevet de l'église, et qui, depuis des siècles peut-être, était couverte d'arbres. Le défonçage devait avoir un mètre de profondeur.

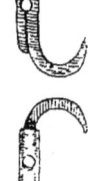

Fig. 7 et 8

Depuis longtemps, j'avais la conviction que l'église de Saint-Moré était bâtie sur l'emplacement du *sacellum* du *castrum Corae*, et que tout autour devaient se trouver des sépultures. Mes prévisions furent pleinement justifiées; je retrouvai les substructions du *sacellum* orienté ouest-est.

Dans les défoncements du cimetière de Saint-Moré, après avoir, en partant du nord, dépassé le chevet de l'église, je fis creuser plus profondément dans l'espoir d'y rencontrer des tombeaux. Nous découvrîmes en effet six beaux sarcophages, rangés les uns à côté des autres. Ils furent méthodiquement fouillés, et fournirent un certain nombre d'objets, présentant un grand intérêt pour l'archéologie et l'histoire de l'art.

Il est à remarquer d'abord que presque tous les tombeaux placés à la base des cirques de nos vallées sont pleins de terre, provenant des eaux d'infiltration. Auges et couvercles ne se rejoignent pas toujours exactement; le remplissage de ces auges a dû se faire rapidement dans nos plaines souvent inondées en hiver.

Le premier objet qui frappa mes regards, après l'enlèvement du couvercle du premier tombeau, fut une fort belle boucle de ceinturon en fer forgé, plaqué d'argent. Une boucle de ceinturon dénote évidemment un homme de guerre; le long de la jambe gauche se trouvaient, en effet, les débris d'une arme en fer fortement oxydée ; des os étaient encore soudés par l'oxydation à ces débris d'épée. Ceinturons et baudriers étaient communs à tous les peuples envahisseurs de l'empire romain, Franks, Saxons, Burgondes, etc.

Cette boucle en fer forgé a été revêtue d'une mince plaque d'argent, présentant des ornements les plus variés, losanges, entrelacs, chevrons, etc. La plaque d'argent n'a pas été découpée avant le placage ; son extrême ténuité et le croisement des traits qui l'eût mise en morceaux, auraient rendu cette opération impraticable. Il est probable qu'après le placage de la feuille d'argent sur le fer, l'ouvrier procédait par enlèvements avec un outil particulier, sorte d'emporte-pièces. L'aspect de ce travail rappelle la niellure, ou incrustation d'une matière noire dans les traits gravés du métal.

Ce genre de travail n'est pas, comme on l'a dit aussi en parlant de nos plaques de ceinturon, la damasquinure ; celle-ci est l'incrustation dans le fer d'un fil d'or ou d'argent, tandis que, sur les ceinturons de nos pays, on reconnaît toujours la présence d'une feuille d'argent, malgré l'oxydation qui la recouvre en partie.

Dans le même tombeau j'ai trouvé une bague dont le tour est en argent, le chaton une pierre précieuse gravée et ornée d'un cercle de très petites perles en or.

Cette gemme est une agate polycolore ou onyx à trois couches. La couche inférieure est noire, veinée de bleu, la couche supérieure est d'un bleu pâle. Le dessin gravé sur cette pierre précieuse est d'une technique ferme et précise. Le personnage représenté sur cette agate est nu ; il porte la lance ou javelot ; à ses pieds est un chien courant devant l'homme, dans la direction d'un arbre dont les branches en avant forment berceau. Le motif est analogue à celui du *Doryphore*, la célèbre statue de Polyclète (fig. 9).

Fig. 9. — Iutaille.

Dans un autre tombeau touchant à celui-ci et sur la même ligne, se trouvait le squelette d'une jeune femme facilement reconnaissable au développement des os du bassin. Les mains avaient été ramenées sur la poitrine ; la dent de sagesse était à bord de son alvéole, tandis que les autres dents la dépassaient de plusieurs lignes. J'ai découvert là plusieurs bijoux, notamment une bague en or massif et une superbe fibule également en or. La bague est en or fin ; le chaton à peu près rond porte un sigle gravé en creux, comme pour servir de seing, et surmonté d'une croix à branches égales (fig. 10). Ce sigle a été gravé d'une main peu sûre ; on y remarque encore plusieurs repentirs ou traits abandonnés. Sa signification n'est pas facile à déterminer ; faut-il lire : *Mena* (cognomen fréquent à l'époque gallo-romaine),

Fig. 10.
Bague en or.

comme quelques savants le pensent ? Ce même monogramme, moins la croix, se voit sur des médailles consulaires attribuées à *Caecilius Metellus*, monétaire vers 537 (217 av. J.-C.).

Mena est l'anagramme de *Amen* ; serait-ce une amulette chrétienne ? Amulettes et sigles étaient parfaitement admis à ces hautes époques par l'Église. Nous laissons à d'autres le souci de chercher et l'honneur de trouver la solution de ce petit problème épigraphique.

La petite croix, placée au-dessus du monogramme, annonce évidemment une sépulture chrétienne. Nos contrées ont pu être évangélisées de bonne heure ; les villes voisines, Autun, Saulieu, le furent par saint Bénigne, saint Andoche et saint Symphorien, dans le milieu du deuxième siècle, sous Marc-Aurèle, premier auteur des persécutions dans les Gaules, suivant Sulpice-Sévère. Voutenay et Saint-Moré ne sont qu'à une dizaine de lieues de Saulieu, ville où saint Bénigne fut martyrisé. Avallon est connu dans l'Itinéraire d'Antonin ; cette ville et les pays voisins n'ont donc pas dû tarder beaucoup à avoir connaissance de l'Évangile. En outre, sous l'empereur Constantin, au commencement du IVe siècle, Avallon pouvait avoir une église publique, suivant la permission donnée par ce prince à toutes les villes de la Gaule.

Une fibule circulaire en or, doublée de bronze, se trouvait vers l'épaule droite, position parfaitement accusée par l'oxyde de cuivre dont les clavicules conservaient les traces. Les historiens romains de la décadence mentionnent fréquemment les fibules en or enrichies de pierreries. La fibule trouvée à Saint-Moré a $0^m,07$ de diamètre. La plaque ou surface ostensible est recouverte de filigranes représentant itérativement le motif en forme de S; le centre de la fibule est fortement bombée. Les cloisons, en saillie sur le fond, sont remplies de huit tables de grenats taillés en triangle, formant deux croix grecques. Au centre, une perle opaque de couleur verdâtre. Ces pierres triangulaires et les croix de la fibule placés en triangle, n'auraient-elles pas une signification religieuse? Nous croyons que l'intention chrétienne est ici suffisamment caractérisée.

Cet ornement se compose de deux plaques superposées ; la partie supérieure est en or, la partie inférieure est en bronze, portant l'épingle mobile et le crochet qui retenait l'objet au vêtement, de la même manière que les broches actuellement en usage. Des rivets réunissent la feuille d'or à la plaque intérieure en bronze. L'épingle, qui devait être en fer, a disparu, rongée par l'oxyde; tout le reste est intact et d'une conservation parfaite.

Dans les autres tombeaux, j'ai trouvé des boucles de ceinturons en bronze, de formes différentes, des fragments d'épées qui se décomposaient à mesure qu'ils étaient retirés du tombeau. Entre les deux derniers tombeaux, j'ai recueilli trois vases minuscules, l'un en verre, les deux autres creusés dans la pierre. Le petit vase en verre, dont le poids est à peine appréciable à la main, est un vase à parfum comme les deux autres. Leur contenance ne dépasse guère un centilitre. Ils ne devaient contenir aucune boisson, mais des essences et des parfums précieux qui furent déposés primitivement dans un de ces tombeaux près du défunt. Ce ne sont pas non plus des jouets d'enfants, comme ceux que j'ai recueillis ces années dernières dans le cimetière de Voutenay, jouets en terre cuite que la sollicitude maternelle avait déposés auprès d'un pauvre petit enfant, comme pour l'amuser encore, même au sein de la mort; ils étaient beaucoup trop fragiles et d'un travail trop compliqué pour avoir reçu cette destination.

J'ai trouvé aussi dans ces tombeaux quelques perles de différentes grosseurs en ambre et en verre. Ces perles sont rondes, losangées, carrées ou plates, mais n'offrent aucun intérêt particulier. Elles sont plus ou moins ternes; cette altération superficielle provient de leur long séjour en terre et elle disparaît si l'on plonge rapidement ces perles dans une dissolution de gomme arabique. Les perles étaient non seulement des parures, mais aussi des talismans. Ce qui me confirme dans cette opinion, c'est qu'au mois de mars 1896, en ouvrant un cercueil en pierre à côté de ceux dont je viens de parler, je trouvai, avec une tuile romaine, des perles en ambre, et une longue et belle dent de carnassier, percée à la racine d'un trou de suspension. Cette dent percée n'est ni un outil, ni une parure, mais probablement un fétiche, une amulette. Certains faits d'ethnographie comparée n'y contrediraient pas.

Le christianisme au début, dans nos pays, autorisa le port des amulettes et des talismans chrétiens, comme il transforma bon nombre de pierres gravées et de camées en objets de dévotion; on pourrait citer de nombreux exemples de ces adaptations naïves ou intéressées.

Au *Val-aux-Moines*, toujours à Saint-Moré et tout près de Chora, une belle statuette en bronze de Minerve a été trouvée dans le tombeau d'un chef militaire. Cette statuette est aujourd'hui au Musée d'Avallon. On a rencontré souvent des divinités païennes, là où séjournèrent les armées romaines. C'est la deuxième statuette trouvée à Chora.

Arcy-sur-Cure. — Ce pays voisin de Saint-Moré et de la voie d'Agrippa n'a donné que quelques tombeaux gallo-romains et francs. Cependant il était habité à ces deux époques et avait des villas importantes, notamment celle de la plaine des Girelles, située dans l'anse de la Cure et où j'ai récolté différents vases d'une parfaite conservation, notamment une grande amphore dans laquelle étaient deux pièces d'or d'Honorius.

Il y a cinq ou six ans on découvrit dans l'intérieur du pays plusieurs cercueils de pierre, dont l'un était un véritable *cist*, composé de pierres formées de dalles rapprochées et recouvertes. On y a trouvé un bracelet composé de différentes sortes de perles en verre, sphériques, cylindriques et discoïdes. Les unes étaient recouvertes d'un enduit vitrifié de couleur jaune, d'autres en verre verdâtre, opaque et jaunâtre et semblables à celles que j'ai trouvées à Voutenay. Citons encore une agrafe en bronze très épaisse en ellipse, avec ardillon en fer.

Dans un autre tombeau se trouvait une bague en bronze avec chaton plat et circulaire orné de lignes concentriques.

*
* *

Depuis bientôt quinze ans que je fais des recherches dans les vallées de la Cure et du Cousin, j'ai constaté tous les différents modes de sépultures en usage chez les populations qui habitèrent successivement nos deux vallées.

En 1890, au mois de septembre, je découvrais au fond de la grotte Saint-Joseph, à la montagne des Tunnels, à Saint-Moré, des sépultures sur foyer. Les squelettes étaient ensevelis sous un épais linceul stalagmitique ; tout à côté, je rencontrais des silex taillés, et, sur les os de la colonne vertébrale, des pendeloques en dents d'ours percées et des débris de vases très grossièrement travaillés, recouverts, eux aussi, d'une épaisse couche de concrétions calcaires. Les corps étaient dans l'attitude du repos ; la présence des pendeloques exclut aussi la pensée d'une mort tragique ou violente.

J'ai exploré les tumulus de nos forêts ; ces tumulus, qui renfermaient souvent plusieurs squelettes ensevelis sous la même butte de terre ou de pierres, m'ont donné de nombreux objets en bronze et en fer, torques, bracelets, fibules, perles de collier, etc.

En fouillant pour chercher des tombeaux ou des fondations de constructions anciennes, j'ai trouvé des vases cinéraires de toutes formes et de toutes couleurs ; les gens de nos villages m'en ont remis aussi un certain nombre. Le tassement des terres et surtout l'ignorance des campagnards en ont détruit bien davantage.

L'usage de brûler les morts a donc existé bien certainement parmi les populations qui ont habité nos vallées, et cet usage a disparu sans doute sous l'influence des idées chrétiennes, le christianisme tenant à conserver les corps des saints et des martyrs, si nombreux dans les premiers siècles de notre ère.

L'ère des recherches fécondes est loin d'être terminée. Les nombreux tombeaux en pierre enfouis sous le sol de nos vallées, les camps retranchés qui dominent les antiques villages traversés par la voie d'Agrippa, réservent pour longtemps encore bien des surprises agréables aux archéologues.

Abbé F. POULAINE.

Voutenay.

www.ingramcontent.com/pod-product-compliance
Lightning Source LLC
Chambersburg PA
CBHW070527050426
42451CB00013B/2897